L'INSCRIPTION

D'HYPOTHÈQUE JUDICIAIRE

SUR

LES BIENS COMMUNAUX

PAR

J. HUMBLOT

DOCTEUR EN DROIT

EXTRAIT DE LA REVUE GÉNÉRALE D'ADMINISTRATION

BERGER-LEVRAULT ET Cie, LIBRAIRES-ÉDITEURS

PARIS — 5, RUE DES BEAUX-ARTS

NANCY — 18, RUE DES GLACIS

1896

L'INSCRIPTION

D'HYPOTHÈQUE JUDICIAIRE

SUR

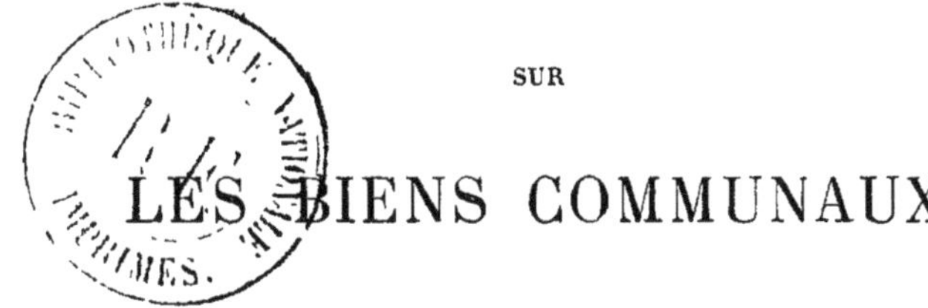

LES BIENS COMMUNAUX

PAR

J. HUMBLOT

DOCTEUR EN DROIT

EXTRAIT DE LA REVUE GÉNÉRALE D'ADMINISTRATION

BERGER-LEVRAULT ET Cie, LIBRAIRES-ÉDITEURS

PARIS
5, RUE DES BEAUX-ARTS

NANCY
18, RUE DES GLACIS

1896

L'INSCRIPTION D'HYPOTHÈQUE JUDICIAIRE

SUR

LES BIENS COMMUNAUX

Un jugement du tribunal civil de la Seine, rendu dans les premiers mois de cette année 1895, a rappelé l'attention sur la question de l'hypothèque judiciaire appliquée aux biens communaux. Une argumentation très précise et très complète, présentée, ici même, en 1893, par M. Seignouret, mettait en lumière les vices de la théorie qu'avaient alors admise deux juridictions judiciaires : de première instance et d'appel. Or, le jugement récent du tribunal de la Seine semble marquer l'heureux revirement d'une jurisprudence qui allait à l'encontre de l'intérêt général. A ce titre, il mérite quelque examen.

D'autre part, on ne saurait trop faire ressortir l'intérêt pratique qu'il présente. L'importance, la variété des services municipaux qui se trouvent impliqués en cette matière, ne sont peut-être pas assez connues. La marche régulière de ces services, la vie communale tout entière dépendent de la solution donnée au débat.

Si cette solution est telle que l'ont établie les juges du tribunal de la Seine, la commune est mise à l'abri de tout désordre dans ses finances, dans son organisation. Mais si les vicissitudes de nouvelles instances venaient priver les communes du bénéfice de cette décision de premier ressort, il leur faudrait s'efforcer de ne pas rester désarmées. Et dès à présent, elles doivent se préparer à repousser de nouvelles attaques par un moyen de droit nouveau.

Ainsi, un rapide aperçu des conséquences pratiques de l'hypothèque judiciaire dans ses rapports avec les biens communaux, un commentaire succinct du jugement du tribunal de la Seine, une recherche des moyens de droit dont les villes peuvent faire usage : telle est la division qui semble la plus naturelle dans l'étude de cette matière.

I.

L'exposé des faits ou des raisonnements ne serait pas assez éclairé, si l'on ne prenait le soin de placer le lecteur, dès le début, en présence de l'hypothèse qui sert de donnée au débat.

Un tribunal condamne une commune à payer une somme d'argent. Le créancier, au profit duquel cette condamnation a été prononcée, prend inscription en vertu du jugement sur tous les biens de la commune. Quelque temps après, celle-ci aliène un de ses immeubles. Le créancier pourra-t-il exercer le droit de suite que son hypothèque lui confère? De son côté, le tiers acquéreur devra-t-il subir les effets de ce droit de suite? Sera-t-il contraint soit de délaisser l'immeuble, soit de consigner le prix de vente après avoir rempli les formalités de la purge?

Avant le début de cette année, l'autorité judiciaire avait fait à ces questions une réponse affirmative. Elle avait admis que le droit de suite devait s'exercer, avec toutes ses conséquences, dans l'espèce même qui vient d'être présentée. En s'arrêtant à cette décision, peut-être ne s'était-elle pas rendu un compte exact du trouble qui allait être apporté dans la gestion des intérêts communaux. Peut-être n'avait-elle pas aperçu tous les points par lesquels le patrimoine communal allait se trouver atteint.

Il n'est cependant pas malaisé de montrer qu'une pareille jurisprudence ne conduirait à rien moins qu'à une désorganisation de tous les services municipaux. A peine aura-t-on besoin de prendre au hasard et de grouper quelques exemples qui attesteront les effets funestes de cette théorie sur le patrimoine communal.

Entrons un instant dans la pratique de l'organisation administrative des cités. Une ville a fait état dans son budget d'une certaine somme à provenir de la vente d'un de ses immeubles ; elle a imputé sur cette somme quelque dépense urgente : des réparations indispensables à la maison commune ou à l'école, les frais de séjour d'un de ses pauvres dans un hospice, d'un de ses malades dans un asile d'aliénés. Elle vend donc l'immeuble. Survient un créancier muni d'une inscription d'hypothèque judiciaire qui, usant de son droit de suite, exige du tiers détenteur ou l'immeuble ou son prix. Les deniers sur lesquels la commune était en droit de compter, qui figuraient aux prévisions de son budget, se trouvent détournés de sa caisse. Et dès lors, comment pourvoir aux dépenses de première nécessité gagées par ces deniers ? Différer ces dépenses n'est pas dans le pouvoir de la commune, puisqu'elles ont un caractère obligatoire. L'autorité supérieure les réinscrirait d'office au budget et mettrait le conseil municipal en demeure d'en assurer l'acquittement. Il n'y aura d'autre solution que d'établir de nouveaux centimes additionnels ou de contracter un emprunt. Solution regrettable entre toutes ! Les communes sont ainsi forcées d'accroître leurs obligations alors que la situation financière de la plupart d'entre elles n'est déjà que trop obérée.

Ces conséquences, en dépit de leur caractère rigoureux, ne sembleront pas injustifiables à quelques-uns. Sans doute, dira-t-on, il est fâcheux pour les communes d'être réduites à la nécessité de grever les contribuables par des charges sans cesse plus lourdes ; mais pourquoi se sont-elles placées dans la situation d'encourir le jugement qui les atteint? Ce jugement constitue contre elles un titre qui constate leur dette. Qui les forçait de contracter cette dette, et pourquoi n'en répondraient-elles pas sur leurs biens, comme tous les citoyens ? Ce raisonnement fait abstraction des règles établies par le législateur dans l'intérêt public, pour la protection des finances communales. Il séduit cependant par une certaine apparence d'équité. Mais cette apparence même s'évanouit si l'on prend garde à la nature du titre qui reconnaît la ville débitrice. Ce titre sera le plus souvent un jugement de première instance, ou, tout au moins, non passé en force de chose jugée. Il a toujours été tel dans les quelques espèces où les tribunaux et les cours ont jusqu'ici statué. En 1893, lorsque la ville d'Agen a, la première, porté cette question en justice, elle réclamait contre une décision du conseil de préfecture, tribunal essentiellement susceptible d'appel. Quand la ville de Paris à son tour a déféré la même question à la juridiction civile, elle était en instance auprès de la Cour suprême pour faire casser l'arrêt de la cour d'appel qui l'avait condamnée. En un mot, quand les communes refusent de payer un créancier, c'est que le titre de sa créance n'est pas définitif. On ne saurait leur en faire grief. Plus encore que les particuliers, elles sont fondées à pousser jusqu'au bout les procédures, à épuiser toutes les instances. Elles ont une garantie, une présomption de la justesse de leurs prétentions dans l'autorisation qu'elles sont forcées d'obtenir du conseil de préfecture avant d'engager un procès, « avant de se pourvoir devant un autre degré de juridiction, après tout jugement intervenu ». L'expérience les confirme dans cette ligne de conduite. Nombreux sont les exemples de décisions de premier ressort réformées par les cours d'appel ou le Conseil d'État, annulées par l'une ou l'autre des Cours suprêmes, administrative ou judiciaire.

Il est donc presque toujours du devoir des mandataires municipaux de poursuivre jusqu'au bout les voies de droit qui sont ouvertes, dans les contestations où la commune est partie. Mais la plupart des procès comportent un certain délai, et, pendant tout le cours de leur durée, les municipalités devront, si elles sont prudentes, éviter d'aliéner aucune parcelle de propriété communale. Voilà leur domaine privé, souvent très considérable, frappé d'indisponibilité durant de longues années, à cause d'une créance minime de quelques milliers de francs.

Si l'on recule devant les inconvénients d'une telle situation et que l'on tente d'aliéner quelque partie du domaine communal, d'autres inconvénients plus graves peuvent se produire. Il arrivera que des créanciers parviendront à circonvenir un conseil de préfecture et obtiendront quelquefois par défaut une condamnation en premier ressort, puis ils prendront hypothèque en vertu de l'arrêté du conseil. La commune recourra devant le Conseil d'État. Mais devant le juge administratif, les recours n'ont pas d'effet suspensif. Si, dans l'intervalle, la commune vient à vendre un de ses immeubles, le créancier hypothécaire, exerçant son droit de suite, fera saisir et adjuger l'immeuble et s'emparera de tout ou partie du prix. Plus tard, la commune pourra triompher devant le Conseil d'État et la créance être reconnue inexistante. Alors, la commune réclamera au créancier prétendu, devenu son débiteur, la somme qu'il a perçue indûment augmentée du montant des frais du procès. Mais, à ce moment, le créancier pourra se trouver dans un état d'insolvabilité notoire. Il y aura là pour les finances communales une perte parfois très lourde, un préjudice sans compensation.

Ce préjudice aura son contre-coup sur la marche des services publics auxquels doivent pourvoir les municipalités. Parmi ces services, l'un des plus importants, celui de l'Assistance, ne laissera pas d'en souffrir. Que de villes cédaient pour un prix minime, presque nominal, à des institutions charitables ou de prévoyance, des terrains ou des immeubles! Cette initiative généreuse sera paralysée désormais. Il sera loisible à un créancier hypothécaire d'exproprier, en vertu de son droit de suite, ces œuvres de bienfaisance, ces sociétés vouées à une fonction de prévoyance sociale, pour faire vendre l'immeuble à sa véritable valeur et se récupérer sur le prix.

Cette désorganisation des services publics sera surtout manifeste dans les grandes villes à qui leur domaine étendu, la complexité d'intérêts qui s'agitent dans leur sein, suscitent de longs et multiples procès. Chaque année, un grand nombre d'hypothèques judiciaires viendront grever les différentes parties de leur domaine privé. La plupart des grandes cités poursuivent l'exécution de travaux de voirie considérables. Elles comptent, pour gager les énormes dépenses de leurs budgets, sur le produit des aliénations qu'elles réalisent au cours de ces travaux. Faut il que ce produit demeure immobilisé dans leur caisse, ou qu'elles soient réduites à demander en justice la restriction des hypothèques, de sorte qu'elles ne puissent apporter quelque atténuation à leur situation critique qu'au prix de frais onéreux et de longues procédures?

II.

Telle n'a pas été l'opinion du tribunal civil de la Seine qui a consacré une théorie tout opposée dans un jugement du 7 février de cette année. Ce jugement, rendu au profit de la ville de Paris, dénie l'exercice du droit de suite aux créanciers munis d'une hypothèque judiciaire sur les biens communaux. Il établit que ces biens ne sauraient être utilement frappés d'hypothèques judiciaires, et conclut que, les inscriptions hypothécaires étant prises à tort et sans droit, elles doivent être déclarées de nul effet. Voici les termes de ce jugement reproduits dans leur intégralité :

Le Tribunal,

Attendu que le 25 mai 1894 une inscription d'hypothèque judiciaire a été prise sur tous les biens présents et à venir de la ville de Paris situés dans l'étendue du 1er bureau des hypothèques de la Seine,

Que cette inscription a été requise en vertu d'un jugement de ce siège confirmé par un arrêt de la cour d'appel de Paris en date du 9 janvier 1894, qui a condamné la ville de Paris en paiement de la somme de 347,634 fr. au profit des consorts Bélier;

Attendu que le préfet de la Seine, agissant au nom et comme représentant de la ville de Paris, demande la nullité de cette inscription comme ayant été prise à tort et sans droit;

Que, suivant lui, les biens des communes, comme ceux de l'État, ne sont pas soumis à l'hypothèque judiciaire;

Attendu que le droit de demander aux tribunaux et d'obtenir des condamnations contre les communes n'est point contesté ;

Qu'il est de principe également que les règles particulières de droit administratif qui régissent le patrimoine des communes ne permettent pas aux créanciers des communes de poursuivre contre elles, par les voies ordinaires, le paiement des condamnations qu'ils ont obtenues; qu'ils sont toujours obligés de s'adresser à l'autorité administrative pour obtenir l'inscription de leurs créances au budget de la commune ;

Attendu d'ailleurs que les communes n'ont pas la libre disposition des fonds qui constituent leur budget ;

Que ces fonds ont tous une destination dont l'ordre ne peut être interverti;

Qu'il est nécessaire, dès lors, que la dette soit inscrite au budget de la commune et que rien ne peut être payé, à un titre quelconque, par une commune, en dehors des règles de la comptabilité publique auxquelles elle est soumise;

Attendu que la loi du 5 avril 1884 prévoit, d'ailleurs, le cas où une commune refuserait de faire droit aux réclamations de ses créanciers et qu'elle donne à ceux-ci, porteurs d'un titre exécutoire, certains moyens de contrainte; qu'ils ont le droit notamment de demander à l'autorité supérieure l'inscription d'office de leurs créances au budget communal et qu'ils peuvent même provoquer la vente des biens de la commune en s'adressant au chef de l'État;

Attendu que, par application des règles qui précèdent et qui constituent une dérogation au principe général posé par les articles 2092 et 2093, aux termes desquels tous les biens d'un débiteur sont le gage commun de ses créanciers, les biens des communes sont insaisissables et ne peuvent faire l'objet ni d'une saisie-exécution ni d'une saisie immobilière;

Que les deniers des communes et leurs créances ne peuvent pas davantage être frappés de saisies-arrêts ;

Attendu que, sans doute, les biens qui font partie du domaine privé de la commune sont régis par la loi civile ; qu'ils ne sont point inaliénables et peuvent être vendus, échangés, prescrits; mais qu'ils ne peuvent être aliénés que suivant les formes spéciales édictées par la loi ;

Attendu que Bélier ne conteste point ces principes, qu'il reconnaît qu'un créancier muni d'un titre exécutoire ne peut procéder à aucun acte d'exécution contre la commune, mais qu'il soutient que, si l'hypothèque judiciaire peut devenir un moyen d'exécution, l'inscription de cette hypothèque est avant tout un acte conservatoire ;

Mais attendu que l'inscription hypothécaire n'est pas une simple mesure conservatoire; qu'elle place l'immeuble grevé sous la main du créancier, qui peut le suivre en quelques mains qu'il passe, de telle sorte qu'il ne peut être vendu sans que le créancier soit appelé à exercer son droit sur le prix;

Que l'inscription d'hypothèque judiciaire a donc le caractère d'un acte d'exécution, puisqu'elle constitue une garantie destinée à assurer le paiement;

Qu'en tous cas, c'est un acte tendant à l'exécution du titre, puisqu'il confère au créancier un droit de suite et un droit de préférence;

Qu'il y a lieu, dès lors, de rechercher dans quelles conditions pourraient s'exercer, en ce qui concerne les biens d'une commune, le droit de suite et le droit de préférence qui constituent l'essence même du régime hypothécaire;

Attendu tout d'abord que les biens d'une commune ne pouvant faire l'objet d'aucune exécution forcée, le droit du créancier inscrit ne pourrait recevoir effet que dans le cas d'une aliénation volontaire;

Mais que l'immeuble une fois vendu, son droit de préférence se trouverait immédiatement en conflit avec les règles qui régissent la comptabilité des communes;

Qu'en effet, le prix une fois consigné, ce prix, propriété de la commune, aurait par là même le caractère de deniers communaux; qu'à ce titre il ne pourrait pas recevoir d'autre destination que celle qui aurait été prévue dans le budget de la commune;

Qu'un ordre ne saurait davantage être ouvert, l'autorité judiciaire ne pouvant se substituer à l'autorité administrative, seule compétente pour l'ordonnancement des fonds communaux;

Qu'en tous cas et à défaut de consignation, l'inscription, en mettant obstacle au paiement des fonds dus à la commune, constituerait une véritable saisie-arrêt;

Qu'ainsi et à tous égards, l'appropriation du prix que comporte l'hypothèque est incompatible avec les règles de la comptabilité des communes;

Attendu que le droit de suite ne saurait non plus s'exercer;

Qu'en effet, le droit du créancier inscrit contre le tiers détenteur n'est en réalité que la continuation du droit qu'il pourrait exercer contre le débiteur principal;

Qu'il serait inadmissible qu'il eût plus de droits contre le tiers détenteur que contre son propre débiteur;

Qu'il faudrait admettre qu'il pourrait faire indirectement ce qu'il n'avait pas le pouvoir de faire directement;

Attendu, d'ailleurs, que le bénéfice de discussion prévu par l'article 2170 du Code civil serait manifestement inapplicable en ce qui concerne les communes;

Attendu, dès lors, que le droit de suite et le droit de préférence, sans lesquels l'hypothèque n'existe pas, ne pouvant s'exercer en ce qui concerne le domaine privé des communes, il en résulte comme conséquence nécessaire que ces biens, comme ceux de l'État, ne peuvent être frappés utilement de l'hypothèque judiciaire;

Qu'ils se trouvent dans une situation analogue à ceux qui sont soumis au régime dotal;

Qu'il est de principe général qu'un immeuble ne peut être hypothéqué que lorsqu'il est saisissable et qu'on conçoit difficilement un droit de gage en l'absence de cet autre droit qui en est la sanction et la raison d'être, celui de réaliser le gage;

Attendu, il est vrai, qu'on objecte que, les communes ayant le droit incontestable de grever leurs biens d'hypothèques conventionnelles, l'hypothèque judiciaire, dont les effets sont les mêmes, doit également être admise;

Mais attendu qu'il suffit d'observer, pour faire écarter toute assimilation entre les deux cas, que l'hypothèque conventionnelle, qui est une véritable aliénation, ne peut être consentie qu'avec l'autorisation de l'administration supérieure et que celle-ci ne pourrait, sans se déjuger et manquer pour ainsi dire à la foi promise, autoriser une affectation différente des fonds à provenir de l'aliénation de l'immeuble donné en gage avec son concours;

Que la situation dans les deux cas est donc toute différente;

Attendu qu'il résulte de ce qui précède que l'hypothèque judiciaire ne pourrait frapper utilement les biens de la ville de Paris;

Que, par suite, l'inscription prise par les consorts Bélier était inutile et sans objet et qu'il y a lieu de faire droit à la demande du préfet de la Seine;

Par ces motifs,

Dit que l'inscription prise par les consorts Vaffiard et Bélier contre la ville de Paris, au premier bureau des hypothèques de la Seine, le 25 mai 1894, vol. 1682, v. 32, a été prise à tort et sans droit;

Déclare de nul effet l'inscription dont s'agit, etc..... ;

Condamne les défendeurs aux dépens.

Dans l'énoncé des motifs qui précède sa décision, le tribunal a suivi la méthode la plus rationnelle. Il s'est préoccupé de poser tout d'abord les principes qui régissent les rapports des communes avec leurs créanciers. Il a constaté que la situation de celles-là était toute différente de la situation des simples particuliers débiteurs. A l'égard de l'exécution de leurs obligations, elles sont soustraites à l'application des articles 2092 et 2093 du Code civil, qui font de l'ensemble des biens du débiteur le gage commun de tous ses créanciers. Elles sont soumises à un régime spécial. Ce régime est déterminé par des textes, il est justifié par l'intérêt public.

Les textes qu'il convient de grouper pour éclairer les intentions du législateur en cette matière sont tout d'abord deux avis interprétatifs du Conseil d'État : l'un du 12 août 1807, l'autre du 26 mai 1813. Le premier contient la distinction fondamentale qui est en quelque sorte la base de toute la législation sur ce sujet. Il met en opposition très nette : d'une part, le droit pour le créancier d'obtenir contre les communes un titre exécutoire ; de l'autre, le droit de recourir aux voies d'exécution qui doivent aboutir à la réalisation de ce titre. En ce qui concerne le droit d'obtenir contre les communes un titre exécutoire, le créancier peut s'adresser directement aux tribunaux. Ici pas de différence entre les villes et les citoyens. Mais à l'égard du droit de recourir aux voies d'exécution, l'obligation est imposée au créancier de s'adresser exclusivement à l'administration. Voilà la règle essentielle qui range les personnalités communales dans une classe de débiteurs à part.

L'avis du 26 mai 1813 confirme cette règle en la développant. Il spécifie qu'entre autres mesures d'exécution sur les biens communaux, les créanciers ne peuvent user de celle qui consisterait à saisir-arrêter des sommes dues à une ville.

Ces textes ne sont pas les seuls que l'on puisse invoquer pour aider à la préservation du patrimoine communal contre les réclamations de créanciers inopportunes ou injustifiées. L'article 110 de la loi du 5 avril 1884 consacre implicitement la prohibition faite aux créanciers des communes d'user envers elles des voies ordinaires d'exécution. Aux termes de cet article, « la vente des biens mobiliers et immobiliers des communes, autres que ceux servant à un usage public, peut être autorisée sur la demande de tout créancier, porteur de titre exécutoire, par un décret du Président de la République qui détermine les formes de la vente ».

Il s'ensuit que nulle vente de biens communaux ne peut avoir lieu au profit d'un créancier s'il n'a suivi toute la procédure indiquée : demande au chef de l'État, décret autorisant la vente et déterminant les formes qui doivent être observées pour y aboutir.

A côté de ces textes, il en est d'autres encore qui visent notre sujet. Ce sont toutes les dispositions éparses dans la loi du 5 avril 1884 ou dans le décret du 31 mai 1862, relatives à l'établissement du budget et à la comptabilité communale. C'est là que sont édictées toutes les règles protectrices des finances municipales. Il n'est pas inutile de les passer rapidement en revue. Les communes sont astreintes à consigner chaque année dans leur budget toutes les ressources qu'elles peuvent se créer ou qui peuvent leur survenir, toutes les dépenses auxquelles elles devront faire face dans le cours de la période de temps qu'embrasse l'exercice financier. Il n'est aucun encaissement, ni aucun déboursé, qui n'ait pour la commune son origine et sa justification dans les prévisions budgétaires. C'est la constatation intégrale de l'actif et du passif communal. Pas une recette, pas une dépense qui n'ait été évaluée et inscrite à l'un des budgets, primitif ou supplémentaire, votés chaque année par les conseils municipaux.

C'est là un principe d'ordre public qui ne souffre pas d'exception. Et c'est en se fondant sur ce principe consacré dans l'article 487 du décret du 31 mai 1862 que le tribunal de la Seine a prononcé : « les communes n'ont pas la libre disposition des fonds qui constituent leur budget. Ces fonds ont tous une destination dont l'ordre ne peut être interverti. »

Par voie de conséquence, les moyens que le droit commun met à la disposition des créanciers porteurs d'un titre exécutoire sont, à l'égard des communes, tenus en suspens. Les tiers doivent recourir à l'autorité administrative pour aboutir à la liquidation de leurs créances. L'exercice de leur droit se trouve paralysé par l'effet d'une condition suspensive, et cette condition n'est autre que le consentement de l'administration. Ce consentement est donné par l'assemblée municipale, organe légal de la commune, si la dette de celle-ci est reconnue. Si ses mandataires font difficulté de la reconnaître, le créancier s'adresse à l'autorité qui dresse le budget communal : le Président de la République ou le préfet, suivant les cas, et sollicite de lui l'inscription d'office du montant de sa créance à ce budget. Si elle fait droit à cette demande, l'autorité supérieure inscrira parmi les dépenses obligatoires la dette exigible à la charge de la commune. Puis elle adressera au conseil municipal une mise en demeure de pourvoir au paiement de cette dette. Et si le conseil passait outre, elle assurerait ce paiement, soit à l'aide de radiations ou de réductions de certaines dépenses facultatives qui lui paraîtraient superflues, soit à l'aide d'une contribution extraordinaire levée sur les habitants de la commune. Cette imposition résultera d'un décret ou d'une loi, suivant que son chiffre excédera ou non le maximum fixé annuellement par la loi de finances pour ce genre d'impositions.

Ce n'est pas assez que les communes créent, de leur plein gré ou sous la contrainte de l'autorité supérieure, les ressources nécessaires pour faire face aux dettes exigibles, il faut encore que les sommes ainsi recueillies passent de la caisse communale entre les mains de l'ayant droit. Le receveur municipal ne peut payer les deniers que sur le vu d'un mandat régulièrement délivré par le maire, et, si le maire refuse de mandater la somme due, le créancier devra de nouveau s'adresser à l'autorité supérieure, représentée dans tous les cas par le préfet. Ce fonctionnaire, en conseil de préfecture, procédera lui-même à l'ordonnancement de la dépense, et son arrêté tiendra lieu du mandat du maire.

Enfin, le décret du 31 mai 1862, en attribuant, dans son article 1er, le caractère de deniers publics aux deniers communaux, les déclare soumis, quant à leur service et à leur comptabilité, à tout l'ensemble des dispositions législatives qu'il rappelle ou des règlements qu'il édicte. Ainsi fonctionne, à l'égard des finances communales, la disposition qui oppose la mission de l'ordonnateur à celle du comptable, chargeant l'un de l'établissement et de la mise en recouvrement des droits et produits, l'autre de la réalisation des recouvrements et des paiements. De même, un autre article consacre le principe mentionné plus haut, et en vertu duquel les recettes et les dépenses des communes ne peuvent être faites que conformément au budget de chaque exercice.

De cette multiplicité, de cette complexité des précautions prises il était impossible de ne pas tirer argument en faveur de la théorie qui refuse aux créanciers hypothécaires des communes le libre exercice de leur droit de suite. En effet, si le législateur a pris soin d'entourer de tant de formalités protectrices le mode d'exécution des obligations que les communes ont contractées, s'il s'est plu à multiplier les mesures de prudence, on voit sans peine à quel point serait contraire à ses intentions, comme à la simple raison, le système qui permettrait aux créanciers hypothécaires de priver les communes du produit de l'aliénation de leurs immeubles, en usant de leur droit de suite contre les tiers détenteurs.

Les règles établies par le législateur en cette matière ne sont pourtant pas de celles dont les esprits les plus hardis souhaitent la disparition. Si jamais formalités et précautions ont eu leur raison d'être, c'est bien dans le domaine de la comptabilité communale. Les finances communales sont des finances publiques, constituées en grande partie par les deniers de tous les citoyens. Or, si les fortunes particulières se conservent et s'accroissent par le seul stimulant de l'intérêt personnel, il est nécessaire que des prescriptions légales veillent à la sauvegarde de la fortune publique : celle des communes comme celle des départements ou de l'État. En outre, il est de toute justice que les produits du patrimoine communal, qui est le plus souvent acquis avec les prélèvements opérés sur la fortune des particuliers, ne soient pas détournés de la destination que la loi leur donne et qui répond au vœu des contribuables. Le patrimoine communal n'est-il pas affecté tout entier à la gestion des services publics : — services essentiels qui sont comme la raison d'être de l'association communale : la police, la justice, l'état civil, — services publics d'une institution plus récente et contemporaine du régime nouveau, mais que les progrès de la civilisation nous rendent indispensables aujourd'hui : la voirie, l'instruction, l'assistance publiques ? Voilà la raison d'être du budget communal, voilà la justification des mesures édictées dans les textes qui ont été tout à l'heure évoqués ; mesures prises par le législateur pour que l'équilibre des finances municipales ne soit pas rompu par des demandes de paiement imprévues ou mal fondées.

Après avoir rappelé cet ensemble de principes, il suffisait au tribunal de la Seine d'en déduire les conséquences une à une. Tel a été son mode de procéder. Il a commencé par distinguer les deux droits que renferme en elle-même l'institution de l'hypothèque judiciaire : le droit de suite, qui met le créancier à même de saisir l'immeuble hypothéqué, en quelques mains qu'il se trouve ; le droit de préférence, qui lui permet d'exclure ceux des autres créanciers qui n'ont pas une garantie identique à la sienne. Or, ni l'un ni l'autre de ces droits ne sauraient se concilier avec les principes énoncés au début.

Pour démontrer l'incompatibilité du droit de suite avec ces principes, le tribunal a eu recours à deux motifs. Il a établi en premier lieu que le droit du créancier inscrit contre le tiers détenteur n'est pas un droit nouveau. C'est le droit même d'exécution que le créancier pouvait exercer contre le débiteur principal, droit qui se trouve conservé, perpétué, consolidé, mais qui ne change pas de nature. Or, l'exercice de ce droit contre le débiteur principal était subordonné à l'effet d'une condition suspensive : l'autorisation de l'administration. Le droit du créancier contre le tiers détenteur doit être subordonné à cette même condition. On ne concevrait pas en effet que le titre du créancier puisse valoir plus contre le tiers détenteur qu'il n'a valu contre le débiteur principal, et que ce tiers détenteur puisse être dans une situation pire que celui à qui il succède. Et le jugement ajoute : « Il faudrait admettre que le créancier pourrait faire indirectement ce qu'il n'avait pas le pouvoir de faire directement. » Cette considération répond à un argument produit dans les précédentes décisions judiciaires. Il consistait à dégager du débat la personnalité de la commune après l'aliénation volontaire de son immeuble. Ainsi la commune n'aurait plus été en cause, et les choses se seraient passées exclusivement entre le tiers détenteur et le créancier.

Le second motif invoqué par le tribunal est tiré de l'article 2170 du Code civil, qui confère au tiers détenteur, pris à partie par le créancier hypothécaire, le droit de renvoyer celui-ci à discuter les biens du débiteur principal, avant d'intenter l'action en délaissement ou en paiement du montant de la créance. Il est constant que ce droit ne peut s'exercer à l'égard des communes. Si le détenteur demande au créancier hypothécaire de discuter au préalable les biens de la commune, celui-ci répondra qu'il ne peut pas discuter des biens qui sont insaisissables. Mais il ne faut pas oublier que les biens sur lesquels portait son hypothèque étaient tous de même nature. Ils étaient tous soumis au même régime. Le créancier hypothécaire ne peut pas invoquer l'insaisissabilité résultant de l'avis de 1807 et des autres textes qui ont été passés en revue, pour échapper à la nécessité de discuter au préalable les immeubles restant dans le patrimoine de son débiteur, car son droit sur ces immeubles ne diffère en rien de celui qu'il avait sur l'immeuble aliéné. L'acquéreur aurait donc un moyen excellent de retarder indéfiniment l'heure du délaissement. C'est là une réponse péremptoire à ceux qui se placent toujours, dans cette discussion, sur le terrain du droit commun.

A l'égard du droit de préférence, plusieurs hypothèses doivent être distinguées, suivant que le détenteur a payé ou non le prix de l'immeuble.

Plaçons-nous dans la première hypothèse. Le tiers détenteur a versé son prix dans la caisse communale. Il est en situation d'user du bénéfice que lui confère l'article 2170 du Code civil. Il peut s'opposer à la vente de l'héritage hypothéqué et requérir la discussion préalable des autres immeubles affectés à la garantie de la même dette. Ici s'applique le raisonnement déjà déduit du précédent motif du jugement. Pour éluder la discussion des autres biens, le créancier ne pourra pas se prévaloir de l'impossibilité où il se trouve de procéder sur eux aux voies ordinaires d'exécution. Tous les éléments du patrimoine communal sur lesquels portait son hypothèque participaient de la même condition ; et voilà le droit du créancier paralysé pour jamais.

Dans la seconde hypothèse, le tiers détenteur n'a pas payé son prix ; l'inscription d'hypothèque judiciaire va produire des effets identiques à ceux d'une saisie-arrêt. Qu'est-ce en effet que la saisie-arrêt, sinon l'acte par lequel un créancier fait défense au débiteur de son débiteur de s'acquitter entre les mains de celui-ci ? Le tiers acquéreur de la ville, après avoir pris connaissance de l'état des hypothèques qui grèvent l'immeuble à lui adjugé, s'abstiendra de payer son prix entre les mains du receveur municipal. La situation du tiers détenteur et celle du tiers saisi sont donc semblables de tout point.

Mais il est rare qu'un acheteur, prévenu des inscriptions hypothécaires qui grèvent son immeuble, se laisse atteindre par une action en délaissement. En règle générale, les tiers acquéreurs mettent à profit le moyen que le législateur leur a donné d'échapper aux effets de l'hypothèque. Ils ont recours à la procédure de la purge et, tandis qu'ils en remplissent les formalités, le prix de leur acquisition est versé à la Caisse des dépôts et consignations.

Pour la première fois depuis qu'est soumise aux tribunaux la question qui nous occupe, l'attention des juges s'est portée sur les conséquences juridiques très remarquables que va produire cette consignation du prix de vente. Le tribunal de la Seine a exposé sur ce point, dans sa sentence, des déductions irréfutables. Elles n'ont pas seulement le mérite de l'inédit, mais encore et surtout, elles prêtent au jugement une base très solide. Elles sont en effet tirées des principes du droit les plus élémentaires et les moins contestables, ainsi qu'on en va juger.

Dans notre droit, la propriété des corps certains s'acquiert par la seule convention. Il suffit que l'accord des volontés des deux contractants se soit fait sur l'objet et sur le prix pour que l'acheteur soit maître de la chose. Il n'en est pas de même des choses fongibles : du blé, une somme d'argent. Le vendeur ne devient pas propriétaire par la seule convention des deniers qui composent son prix de vente; cette convention ne lui confère qu'un droit de créance. Ces deniers ne deviendront siens que s'ils reçoivent une détermination suffisante. Cette détermination constitue ce que le Droit romain désignait sous le nom de tradition. Cette tradition seule rendra le vendeur propriétaire du prix. Or cette tradition se produira quand l'acquéreur aura fait un acte de nature à faire cesser la confusion des deniers qui composent le prix de vente, avec les autres éléments de son patrimoine. La remise des deniers soit entre les mains du vendeur, soit à la Caisse des dépôts et consignations opérera cette séparation.

Dans notre espèce, la consignation des deniers qui constituent le prix de vente aura donc pour effet de transférer la propriété de ces deniers à la ville jusqu'alors créancière du prix. Si incontestable que paraisse cette conséquence, on l'a cependant révoquée en doute. Les créanciers hypothécaires, a-t-on dit, n'exercent-ils pas sur le prix de l'immeuble une fois vendu le droit qu'ils avaient sur l'immeuble hypothéqué ? Ce prix est affecté à leur créance comme l'immeuble l'était lui-même. Ils jouissent sur lui d'un véritable droit réel transporté de l'objet sur le numéraire. Mais on répond aisément que, si les créanciers hypothécaires exercent relativement à l'immeuble un droit réel qui leur permet de mettre en œuvre leur faculté de saisir l'immeuble en quelques mains qu'il se trouve, même contre un tiers, ce droit n'est pas un droit de propriété. Ils sont, avant comme après la vente, de simples créanciers. Pour empêcher les effets de la consignation de se produire et les deniers de passer du patrimoine de l'acheteur dans celui du vendeur, il faudrait que la loi eût décidé dans un texte exprès que les créanciers hypothécaires jouiraient d'un droit de propriété véritable sur le prix, à l'exclusion du vendeur et de tout autre. Mais ce texte n'existe pas et l'on doit en conclure que la somme consignée devient réellement la propriété de la ville venderesse.

Cette conséquence toutefois n'est pas la seule. Elle en appelle nécessairement une autre, qui fait tout l'intérêt et toute la portée pratique de la discussion. Si, comme on l'a reconnu et démontré, les deniers consignés appartiennent à la ville, ce sont des deniers communaux, c'est-à-dire des deniers publics soumis à toutes les règles protectrices de la comptabilité publique et astreints à un régime tout spécial. Une des dispositions de ce régime, c'est la prohibition faite à toute autre autorité que l'autorité administrative de s'immiscer dans le maniement des fonds publics. Et dès lors, comment un ordre pourrait-il s'ouvrir en vue de la distribution de ces deniers? Quelle qualité aurait le juge des ordres pour délivrer sur ces fonds une ordonnance de paiement ? Il y aurait empiétement manifeste de l'autorité judiciaire sur les fonctions d'un ordonnateur, d'un agent de la hiérarchie administrative. Le principe de la séparation des pouvoirs recevrait une atteinte directe. Les textes qui le sanctionnent et en assurent l'application seraient méconnus et laissés de côté. Aucun acte ne tomberait plus sûrement sous le coup de l'article 13 de la loi des 16-24 août 1790, et de l'article 3 (titre III, chap. IV) de la Constitution de 1791 :

« Les fonctions judiciaires sont distinctes et demeureront toujours séparées des fonctions administratives. Les juges ne pourront, à peine de forfaiture, troubler de quelque manière que ce soit les opérations des corps administratifs. » — « Les tribunaux ne pourront entreprendre sur les fonctions administratives. »

Ici encore on élève quelque doute sur le bien-fondé de ces considérations essentielles. Il arrive souvent, dit-on, que des fonds qui ont sans contredit le caractère de fonds communaux sont déposés à la Caisse des dépôts et consignations. Cette situation ne met pas obstacle à ce que les tribunaux statuent sur l'attribution de ces fonds.

Sans doute les tribunaux ne sont pas dénués de tout pouvoir à l'égard de ces deniers. Le plus souvent, les sommes versées à la Caisse des dépôts sont des sommes litigieuses. Le tribunal aura peut-être à se prononcer sur la qualité du créancier, la quotité de la créance. Il pourra examiner si la consignation est suffisante, si elle opère la libération du débiteur. Il pourra même statuer si la commune est ou non propriétaire des deniers consignés. Mais là s'arrêtera son pouvoir. Du moment que le caractère de deniers publics sera reconnu à la somme versée, le tribunal n'aura plus aucun droit relativement à l'attribution de ces deniers. Il ne pourra en être disposé que dans la forme spéciale du décret du 31 mai 1862, c'est-à-dire par l'autorité administrative seulement et avec toutes les formalités qui sont autant de garanties pour les contribuables.

Ce principe fondamental une fois posé, le tribunal ne néglige pas d'appuyer sa décision de quelques raisons accessoires. Il invoque un argument qui, pour n'être pas fondé sur un texte précis, n'en renferme pas moins une grande présomption de vérité. Il est tiré de la corrélation qui existe entre l'impossibilité de saisir un immeuble et l'impossibilité de le grever d'hypothèques. On conçoit aisément qu'un bien, sur lequel aucune voie d'exécution ne peut être poursuivie, soit par là même réfractaire à l'exercice du droit d'hypothèque. Ce droit en effet, quelles que soient les conditions qui en suspendent la réalisation est un droit né et actuel sur un immeuble. Supposons cet immeuble insaisissable, nous le plaçons par là même hors du gage du créancier. Mais qu'est-ce qu'un droit né et actuel au profit d'un créancier, sur un bien qui ne fait pas partie de son gage ? C'est une illusion pure, une absurdité.

On peut être conduit à une conclusion identique par un autre raisonnement dont le tribunal de la Seine a déjà fait usage. Il est loisible de dire qu'un bien insaisissable est insusceptible d'hypothèque, car si un bien ayant ce caractère était susceptible d'hypothèque, le créancier hypothécaire aurait le droit de saisir le bien grevé dans le patrimoine d'un tiers détenteur ; or le créancier n'a pas ce droit contre son débiteur, puisque, par hypothèse, le bien est insaisissable, puisqu'il échappe à son gage. Le créancier se trouverait donc jouir d'un droit plus étendu et plus puissant contre le tiers détenteur que contre son propre débiteur ; il ne peut donc user du droit de suite, ni du droit de préférence, qui sont les éléments constitutifs de l'hypothèque.

Toutefois, au dire des adversaires, les biens communaux ne sont pas à proprement parler des biens insaisissables. On entend par biens insaisissables des biens qui ne sont susceptibles d'aucune mesure d'exécution d'aucune sorte. Or, dans une certaine mesure, les biens communaux sont susceptibles d'une mesure d'exécution, non pas, il est vrai, par les voies du droit commun, mais par la voie administrative, telle qu'elle est tracée dans l'article 39 de la loi de 1837, reproduit dans l'article 110 de la loi municipale actuelle. Aux termes de ces articles, la vente des biens mobiliers et immobiliers des communes peut être autorisée sur la demande de tout créancier porteur de titre exécutoire. Le raisonnement qui s'appliquait aux biens insaisissables ne saurait donc s'appliquer aux biens des communes.

A ces affirmations il est facile d'opposer que la faculté donnée aux créanciers des communes par les articles 39 de la loi de 1837 et 110 de la loi de 1884 ne constitue pas une mesure d'exécution. Il y aurait une véritable mesure d'exécution au profit du créancier si la loi lui conférait le droit de provoquer cette mesure. Mais la faculté que consacrent les articles visés plus haut n'est pas un véritable droit. Si c'était un droit, il serait sanctionné par un recours en justice devant un tribunal administratif. Or ce recours n'existe pas. Il est dit dans l'article 110 de la loi de 1884 que la vente des biens communaux peut être autorisée sur la demande de tout créancier porteur d'un titre exécutoire. Il ne s'agit donc là que d'une demande, d'une simple requête, dont le rejet ne peut être l'origine d'aucune action devant la justice administrative. Qu'est-ce donc que la prétendue mesure d'exécution de l'article 39 ou de l'article 110? C'est purement et simplement un acte de tutelle administrative. C'est, en dernière analyse, la commune elle-même, représentée par son tuteur, le chef de l'administration générale, qui décide de l'aliénation de ses biens. Il n'est pas possible de voir une mesure d'exécution dans l'aliénation prévue par le législateur, puisque cette aliénation est consentie par l'autorité de contrôle désignée pour suppléer la commune dans cet acte de disposition.

Les biens communaux sont donc des biens insaisissables, puisqu'ils sont soustraits au gage des créanciers. Ce n'est pas d'aujourd'hui que les jurisconsultes ont placé dans la faculté de faire vendre le criterium du gage. Le pouvoir de saisir a toujours été considéré comme le signe auquel on reconnaît qu'un bien rentre ou ne rentre pas dans le gage des créanciers.

Mais, pourrait-on dire, si aucune des propriétés communales ne fait partie du gage des créanciers, si ce gage est réduit à rien, les communes seront très empêchées de passer les contrats dont elles ont besoin ; personne ne voudra traiter avec elles. L'expérience de chaque jour suffirait sans doute à réfuter cette proposition. En fait, les communes ne manquent jamais de contractants, et les créances qu'on peut avoir contre elles ne sont pas tenues pour dépréciées. C'est que, si les communes ne peuvent offrir à leurs créanciers un gage véritable, elles leur fournissent des garanties qui équivalent à un gage, qui procurent même une sécurité plus grande que les gages véritables. A la différence des particuliers, les communes ne sont jamais insolvables. Le tiers qui fait constater le caractère exigible de sa créance contre une commune, a pour répondant la collectivité des habitants tout entière. Il est assuré que le montant de la dette sera intégralement acquitté à l'aide de prélèvements sur les fortunes particulières. Il a, dans le droit de contrôle de l'autorité supérieure, une sûreté plus réelle encore. Jamais cette autorité n'a refusé l'inscription, ni le mandatement d'office aux dettes constatées à titre définitif, certaines et liquides.

Au surplus, cette insaisissabilité des immeubles communaux, avec toutes les conséquences qu'elle entraîne, n'est pas un fait juridique si anormal. Le droit civil nous offre des exemples identiques. Dans certaines hypothèses déterminées, le législateur a jugé bon de frapper certains biens d'indisponibilité, et cependant les tiers n'hésitent pas à contracter avec les propriétaires de ces biens. Il est utile de remarquer même que l'indisponibilité, telle que le Code civil l'a établie dans plusieurs cas, est absolue, irréductible, tandis qu'il est permis à l'autorité administrative d'apporter tous les tempéraments nécessaires à celle des biens communaux. L'autorité administrative n'hésite pas à liquider une créance exigible. L'autorité judiciaire n'autorisera jamais cette liquidation sur des biens déclarés insaisissables par la loi, en dehors des espèces très rares où cette même loi souffre des exceptions.

Passons en revue quelques-uns des exemples d'indisponibilité prévus par les auteurs du Code civil. Autrefois, ce Code avait admis l'indisponibilité des biens servant à constituer un majorat. Aujourd'hui encore, il admet l'indisponibilité des biens dotaux ou de ceux qu'un testament a déclarés incessibles et insaisissables.

Aux termes de l'ancien article 896, les biens formant la dotation d'un titre héréditaire érigé par le roi en faveur d'un prince ou d'un chef de famille pouvaient être transmis héréditairement. Le titulaire du majorat était grevé de l'obligation de conserver et de rendre les biens qui en formaient la dotation. Ces biens demeuraient inaliénables entre ses mains.

A l'égard des biens dotaux, la règle est la même. Si la femme mariée sous ce régime encourt quelque jugement la condamnant à payer une somme d'argent, la condamnation ne pourra être exécutée sur l'immeuble dotal. On ne pourra même pas prendre inscription sur cet immeuble en vertu du jugement. Bien plus, supposons que cet immeuble, insaisissable sur la femme, vienne à sortir de son patrimoine et que, par exemple, elle ait été autorisée à le vendre en partie pour tirer le mari de prison, pour réparer l'immeuble dotal lui-même, pour doter un enfant commun, cette partie de l'immeuble devient la propriété d'un tiers détenteur qui ne jouit plus d'aucune espèce d'immunité, le bien est devenu saisissable entre les mains de celui-ci. Mais il ne s'ensuivra pas que les créanciers aient le pouvoir de le saisir ou de faire valoir des droits contre le tiers détenteur. Cet immeuble, qui était insaisissable, était affecté par la loi à un usage déterminé, à l'entretien du ménage, des enfants. Si la justice, dans un intérêt momentané et supérieur, en a autorisé l'aliénation, c'est avec une affectation particulière du prix à provenir de la vente. Cette affectation lie l'adjudicataire lui-même. Il ne sera valablement libéré que s'il en a assuré l'exécution. Le créancier hypothécaire inscrit sur cet immeuble insaisissable ne saurait donc intervenir pour soutenir que l'immeuble, étant sorti du patrimoine de la femme, n'est plus dotal. Sur ce point, M. Baudry Lacantinerie établit la règle suivante : « Le jugement (rendu contre une femme mariée sous le régime dotal) emportera hypothèque sur tous les immeubles que le créancier pourrait atteindre, indépendamment du jugement, en vertu du droit de gage général que lui confère l'article 2092 du Code civil, mais non sur ceux qui échappent à ce droit de gage. Le jugement n'a pas en effet pour résultat d'augmenter le droit de gage du créancier en y faisant entrer les biens qui n'y auraient pas été compris sans lui, mais seulement de consolider ce droit de gage, de le fortifier en conférant au créancier une hypothèque et par conséquent un droit de préférence. De là il résulte que le créancier d'une obligation contractée par la femme dotale pendant le mariage n'acquerra pas, au moyen du jugement de condamnation qu'il obtiendra, une hypothèque judiciaire sur les immeubles dotaux inaliénables de sa débitrice... »

Enfin, dans l'hypothèse d'une insaisissabilité testamentaire, la jurisprudence est formelle ; elle s'est manifestée avec éclat dans un arrêt déjà ancien : « Attendu, dit cet arrêt qui date de 1852, que par cela seul que les biens dont il s'agit sont insaisissables par les créanciers antérieurs à l'ouverture de la succession qui échoit à leur débiteur, ils n'ont pu être frappés par eux d'inscriptions hypothécaires ; qu'en effet, les créanciers n'ont aucun droit actuel sur ces immeubles ; que l'inscription hypothécaire n'est pas une simple mesure conservatoire, qu'elle place l'immeuble grevé sous la main des créanciers qui peuvent le suivre en quelques mains qu'il passe, de telle sorte qu'il ne peut pas être vendu sans que les créanciers soient appelés à exercer leur action sur le prix, d'où il suit que celui qui n'a pas un droit actuel sur l'immeuble ne peut être autorisé à le grever d'une inscription hypothécaire... »

Tous les exemples qui viennent d'être rappelés ont trait à la protection de l'intérêt privé. Il est aisé de supposer que le législateur a entendu assurer à l'intérêt public des moyens de protection plus efficaces. Le souci de ne pas laisser péricliter les services publics a dicté nécessairement les dispositions qu'il a consacrées au régime des biens communaux.

Le dernier motif qu'invoque le tribunal de la Seine peut servir de réponse à ceux qui prétendent faire découler la possibilité de l'hypothèque judiciaire sur les biens communaux du pouvoir de la commune de consentir à ses créanciers des hypothèques conventionnelles. Il s'en faut cependant que ces deux catégories d'hypothèques soient semblables. Il existe entre elles des différences qui tiennent aux caractères de spécialité et de généralité qui les distinguent. Ainsi l'hypothèque conventionnelle ne produit son effet à l'égard des biens à venir, même si elle a été stipulée sur ces biens, que si une inscription spéciale est prise au moment de l'entrée de ces biens dans le patrimoine du débiteur. Au contraire, une seule inscription, prise en vertu d'un jugement, suffit pour atteindre les biens au fur à mesure qu'ils deviennent la propriété du débiteur. Aussi, l'hypothèque générale sur ces biens prime t-elle forcément l'hypothèque spéciale.

Il est d'autres différences entre ces deux sortes d'hypothèques, qui dérivent de ce que les unes s'établissent indépendamment de la volonté du débiteur et que les autres résultent de cette volonté même. Parmi les effets de l'hypothèque conventionnelle, tous ceux qui résultent seulement de l'obligation volontairement prise de faire valoir l'hypothèque ne sont pas applicables à l'hypothèque judiciaire. Cette proposition donne lieu à plusieurs applications pratiques. Quand celui qui a pouvoir d'hypothéquer, même pour ses propres dettes, un immeuble appartenant à autrui, consent une hypothèque conventionnelle, cette hypothèque est valable, mais il n'en est pas ainsi des hypothèques judiciaires. D'autre part, celui qui est propriétaire sous condition suspensive ou résolutoire potestative et qui consent une hypothèque sur l'immeuble affecté de l'une ou l'autre de ces conditions, s'interdit tout acte de volonté qui empêcherait l'effet de l'hypothèque. Il n'en est pas de même des hypothèques non conventionnelles. Le Code civil offre plusieurs exemples de semblables situations juridiques. Tels sont ceux de l'envoyé en possession définitive, du donataire d'un immeuble soumis à révocation pour cause d'ingratitude, de l'individu appelé à une succession dont il est plus tard exclu pour indignité, de l'héritier apparent, de l'acquéreur d'immeuble dépouillé de sa propriété par l'effet de l'action Paulienne. Toutes ces personnes ont pu constituer valablement des hypothèques conventionnelles sur l'immeuble placé momentanément dans leur patrimoine, mais les hypothèques judiciaires résultant de condamnations prononcées contre elles ne frapperont pas cet immeuble, qui reviendra, libre de ces charges, entre les mains de son propriétaire définitif.

On ne saurait donc, d'une façon générale, assimiler les hypothèques conventionnelles aux hypothèques judiciaires. Cette assimilation se conçoit encore bien moins dans le domaine des principes du droit administratif. L'un de ces principes, énoncé au début de cette étude, consiste en ce que les ressources prévues au budget communal ne peuvent être distraites de l'affectation que ce même budget leur assigne, par le seul effet d'une décision judiciaire. Or, il ne répugne pas d'admettre « que l'hypothèque conventionnelle, véritable aliénation, puisse être consentie avec l'autorisation de l'administration supérieure, et que, dès lors, celle-ci ne puisse, sans se déjuger et manquer pour ainsi dire à la foi promise, autoriser une affectation différente des fonds à provenir de l'aliénation de l'immeuble donné en gage avec son concours ». Par contre, il est évident que l'hypothèque judiciaire a pour effet d'enlever les ressources de la commune à leur destination budgétaire, et cela, sans le consentement de l'administration. C'est là son but essentiel. Elle tend uniquement à interdire au débiteur de faire du prix de vente de l'immeuble l'usage qui lui conviendra. Vainement prétendrait-on que l'hypothèque judiciaire ne peut en aucune façon être considérée comme une mesure d'exécution contre la commune, parce que les droits qu'elle confère ne s'exerceront que sur le tiers détenteur. Qu'importe que l'hypothèque judiciaire soit une mesure d'exécution contre l'un ou contre l'autre? D'après les principes supérieurs qui dirigent tout le débat, on doit se demander si le créancier porte atteinte au budget communal, s'il intervertit la destination des fonds qui y sont inscrits. Or, de l'aveu même des adversaires, l'hypothèque judiciaire, en changeant l'affectation des deniers communaux provenant du prix de vente, aura pour effet d'entraîner une révision du budget communal ; mais ils ajoutent aussitôt que le budget communal est essentiellement revisable. Ils oublient que, si le budget communal est essentiellement revisable, il l'est exclusivement par l'autorité administrative. La loi a voulu que les décisions judiciaires n'eussent jamais pour conséquence immédiate la modification d'un budget arrêté par l'autorité administrative. En constatant que le droit d'hypothèque judiciaire conduit à une révision du budget communal, les adversaires établissent eux-mêmes le mal-fondé de leur théorie.

III.

Tels sont les motifs sur lesquels le tribunal civil de la Seine appuie son jugement. Il est conçu en des termes catégoriques. Du moment que l'inscription prise sur les biens du domaine de la ville ne pouvait les frapper utilement, cette inscription était sans objet, par conséquent elle a été prise à tort et sans droit, elle est donc déclarée de nul effet Par ce moyen les communes obtiennent directement satisfaction. Le droit hypothécaire n'est pas susceptible de s'exercer contre elles ; l'inscription, qui le révèle aux tiers, n'a pas lieu d'exister et les biens qu'elle frappait sont reconnus libres. La ville de Paris, au profit de laquelle cette décision a été rendue, a donc obtenu pour ainsi dire le maximum de ses conclusions. Il y a lieu de compter que la jurisprudence, si elle a d'autres occasions de se prononcer en cette matière, persévérera dans la voie très équitable et très juridique qui vient de lui être tracée. Toutefois, si les communes demanderesses étaient déçues dans cette attente, sans doute un autre moyen ne leur serait pas enlevé. Dans l'un des motifs mis pour la première fois en lumière par le tribunal de la Seine, il y a l'origine d'une autre sorte de recours pour les communes. Nous avons insisté à dessein sur les effets très remarquables qui résultent de la consignation du prix de vente opérée par le tiers détenteur. Cette consignation attribue aux deniers qui composent ce prix le caractère de deniers publics. Or, ces deniers ne sauraient être liquidés que suivant les règles de la comptabilité publique. Si l'autorité judiciaire s'immisçait dans cette liquidation, elle commettrait un empiétement sur l'autorité administrative, empiétement prévu et réprimé par les différents textes qui assurent le respect de la séparation des pouvoirs. Il appartiendrait donc à l'administration active d'user des moyens que ces textes mettent à sa disposition pour empêcher la confusion des deux domaines, administratif et judiciaire. L'obligation s'imposerait au préfet d'entreprendre la procédure du conflit. Le déclinatoire d'incompétence serait adressé au tribunal devant lequel le créancier le plus diligent ou l'acquéreur ont requis l'ouverture du procès-verbal d'ordre. Ce déclinatoire devrait intervenir avant que le juge commis aux ordres ordonne la délivrance des bordereaux aux créanciers utilement colloqués. Ainsi donc, les communes qui n'auraient pas obtenu l'annulation de l'inscription hypothécaire prise sur leurs biens, doivent attendre que leur acquéreur accomplisse les formalités de la purge. Aussitôt que la consignation des deniers de la vente aura été réalisée par lui, l'autorité compétente élèvera le conflit devant le tribunal des ordres. C'est une voie de droit qu'il était utile de signaler, alors que les inscriptions hypothécaires menacent de frapper, plus nombreuses, les éléments du domaine privé communal, à la faveur de la première jurisprudence sanctionnée par la chambre des requêtes.

Nancy, imprimerie Berger-Levrault et Cie.

NANCY, IMPRIMERIE BERGER-LEVRAULT ET Cie

www.ingramcontent.com/pod-product-compliance
Ingram Content Group UK Ltd.
Pitfield, Milton Keynes, MK11 3LW, UK
UKHW020536230726
13925UKWH00005B/2319

9 782019 273064